LES FESTES NOUVELLES,

BALLET,

REPRÉSENTÉ

POUR LA PREMIERE FOIS,

PAR L'ACADEMIE ROYALE

DE MUSIQUE;

Le Jeudy vingt-deuxième Juillet 1734.

DE L'IMPRIMERIE

De JEAN-BAPTISTE-CHRISTOPHE BALLARD,

Seul Imprimeur du Roy, & de l'Academie Royale de Musique.

M. DCC XXXIV.

AVEC PRIVILEGE DU ROY.

LE PRIX EST DE XXX. SOLS.

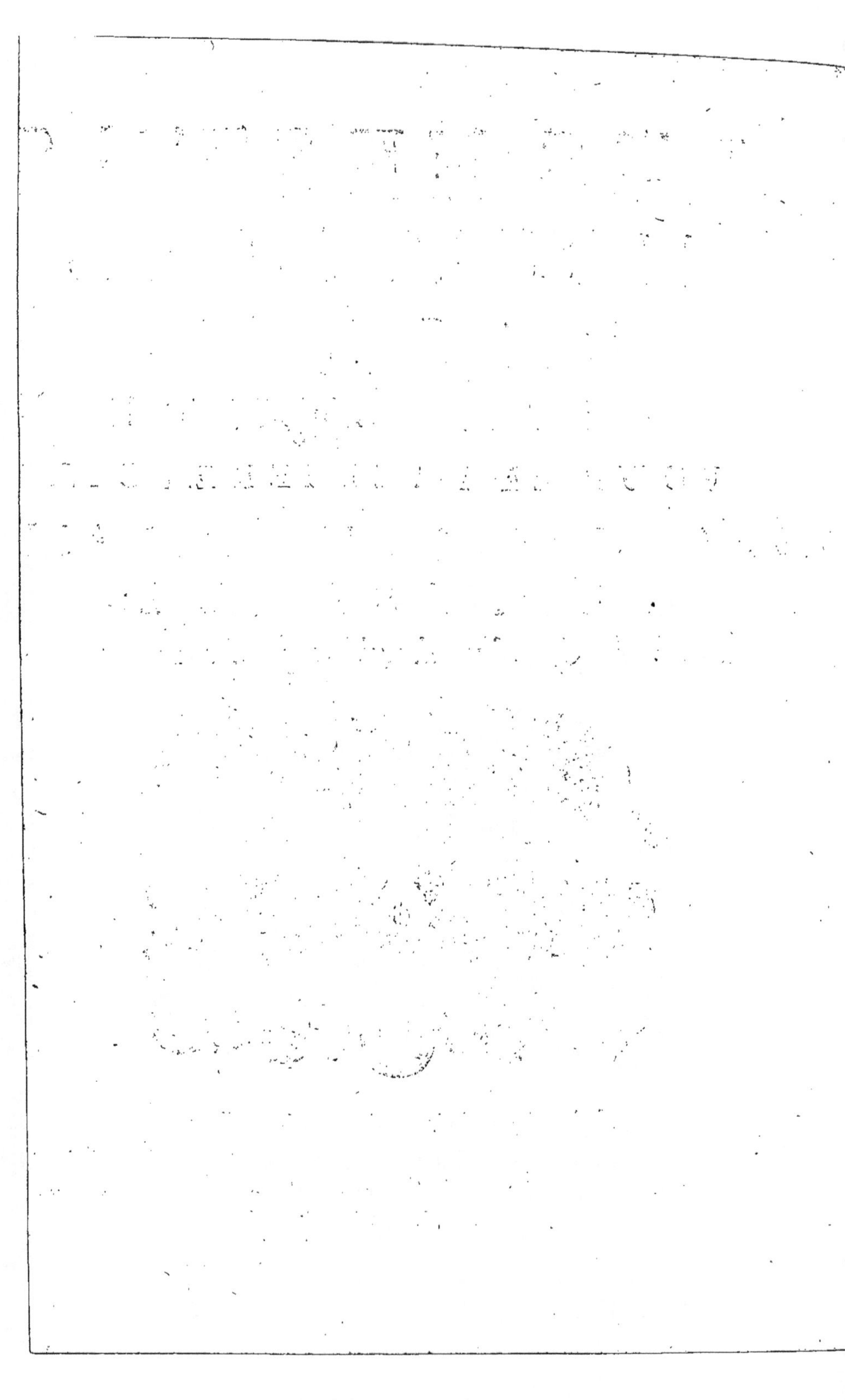

LES FESTES
NOUVELLES.

PROLOGUE.

PERSONNAGES

DU PROLOGUE.

MELPOMENE,   Mlle. Gaucher.
Suite de MELPOMENE.

THALIE,   Mlle. Eeremans.
Suite de THALIE.

UN DES JEUX,   M^r. Dumast.

DIVERTISSEMENT
du Prologue.

Monsieur F-Malter ;

Messieurs Dupré, Dumay, Hamoche, Bontemps.

Mademoiselle Le Breton ;

Mesdemoiselles Favre, Saint-Germain, Binet, Centuray.

PROLOGUE.

Le Theâtre repréfente l'Eté.

SCENE PREMIERE.

MELPOMENE, & la Suite.

MELPOMENE.

Euples fortunez de la Seine,
N'efperez pas que Melpomene
Puiffe encor vous offrir fes Spectacles pompeux.
L'Eté par fa brûlante haleine,
Malgré-moy, me bannit de ce féjour heureux;
Bien-tôt vous me verrez defcendre,
Pour vous raffembler en ces lieux:
Pour la derniere fois, je vais vous faire entendre
De mes nobles Concerts les fons harmonieux.

A ij

PROLOGUE.

Vous qui chantez la paix, vous qui chantez la guerre,
Jeux divers, soumis à mes loix,
Célébrez en ce jour mes adieux à la Terre
Par les divins accens de vos charmantes voix.

JEUX CHANTANS LA GUERRE.
Chantons la Guerre & les allarmes.

JEUX CHANTANS LA PAIX.
Chantons les douceurs de la Paix.

JEUX CHANTANS LA GUERRE.
La seule Bellonne a des charmes.

JEUX CHANTANS LA PAIX.
Astrée a cent fois plus d'attraits.

MELPOMENE.
Il est temps que je me retire,
Je quitte à regret ces climats :
Mais avec peine j'y respire,
Venez Plaisirs, suivez mes pas.

MELPOMENE monte au Ciel.

CHOEUR.
Quel tourment de quitter des lieux si pleins d'appas.

La Suite de MELPOMENE se retire.

SCENE II.

THALIE.

LA fiere Melpomene en vain ose prétendre
Qu'elle doit elle seule occuper vos desirs,
Ecoûtez mes Chansons & vous allez apprendre
Que je puis à vos cœurs offrir d'autres plaisirs.

Je ne chanteray point la Guerre & ses ravages,
J'invente chaque jour des spectacles divers ;
  Mais jamais ils ne sont offerts
  Que sous de riantes images.
Les Heros, les Bergers, deviennent tour-à-tour
  L'aimable sujet de mes fêtes
En quelques lieux qu'Amour étende ses conquêtes,
  J'accompagne toûjours l'Amour.

Vous que j'ameine icy, venez Troupe charmante,
  Ranimez vos tendres accens,
  Charmez les cœurs, flatez les sens :
De vôtre heureux retour que chacun se ressente.

SCENE III.

THALIE & les Jeux qui composent sa suite.

CHOEUR.

Que de plaisirs vont regner désormais !
Nous faisons seuls le bonheur de la Terre :
Au triste Ennuy nous declarons la guerre,
Venez Mortels, joüir de nos bienfaits,

On danse.

UN DES JEUX.

A tout âge
Les plaisirs sont doux,
Venez parmy nous
En apprendre l'usage,
Les Jeux & les Ris
Bannissent les soucis.

Icy tout enchante,
Sans cesse on y chante
Le plaisir d'aimer :
Une ame contente,
Voit sans s'allarmer,
La Saison brûlante,
La Beauté du jour
Dépend de l'Amour.

On danse.

PROLOGUE.
THALIE.

Vole charmant Amour, viens embellir nos fêtes,
Dans tous les cœurs lance tes traits
Par le nombre de tes conquêtes
L'Univers compte tes bienfaits:

Si quelque ennemy de ta gloire
Ose méconnoître ta voix,
Triomphe, acheve ta victoire,
Tout doit icy suivre tes loix.

Vole charmant Amour, &c.

On danse.

THALIE.

Allez aimables Jeux, secondez mon envie,
Par des spectacles pleins d'appas,
Ramenez les Plaisirs dans ces heureux climats,
Soûtenez par vos chants la gloire de Thalie.

CHOEUR.

Que de plaisirs vont regner déformais,
Nous faisons seuls le bonheur de la terre,
Au triste Ennuy nous declarons la guerre,
Venez Mortels, joüir de nos bienfaits.

FIN DU PROLOGUE.

LES ENTRÉES

QUI SUIVENT LE PROLOGUE,

Sont

I.   ULYSSE ET CIRCE'.

II.   LE BAL CHAMPESTRE.

III.   LE TRIOMPHE DE L'AMOUR
sur BACCHUS.

*Acteurs & Actrices Chantans dans tous les Chœurs
du Prologue & du Ballet.*

CÔTE' DU ROY.		CÔTE' DE LA REINE.	
Mesdemoiselles	*Messieurs*	*Mesdemoiselles*	*Messieurs*
Dun.	Dun-Pere.	Antier-C.	Le Myre.
			Morand.
	St. Martin.	Thetelette.	Deserre.
Cartou.	Lefebvre.		Plet.
Delorge.	Louette.	Charlard.	Gaucher.
	Marcelet.		Dautrep.
Goussier.	Deshais.	Lavallée.	Lasalle.
	Buseau.		François.
Ducoudray.	Duplessis.	Deshaigles.	Duchesne.
	Combault.		Houbault.
Marielle.	Rochette.	Gaucher.	Bourque.

ULYSSE

ET

CIRCÉ.

PERSONNAGES

DE LA PREMIERE ENTRE'E.

CIRCE',	Mlle. Antier.
CILIONE,	Mlle. Petitpas.
ULYSSE,	Mr. Dun.
PHENICE,	Mlle. Jullye.
EURILOQUE, *un des Guerriers.*	

DIVERTISSEMENT.

SUITE D'ULYSSE;

Monsieur Dupré;

Messieurs Javillier-C., Castillon, Savar, Hamoche, P-Dumoulin.

SUITE DE CIRCE';

Mesdemoiselles Durocher, Carville, Petit, Rabon, Thybert.

ULYSSE ET CIRCÉ.

Le Theâtre repréſente les Jardins de CIRCE',
d'où l'on découvre la Mer.

SCENE PREMIERE.

ILIONE, PHENICE.

ILIONE.

Ieux tout-puiſſans, calmez cette Reine barbare.

PHENICE.

Quoy ! lorſque Circé ſe prepare
A vanger tous les maux que vous avez ſoufferts,
Qu'en immolant Ulyſſe elle briſe vos fers,
Une lâche pitié de vôtre ame s'empare ?
Ah ! de Circé plûtôt irritez la fureur.

ILIONE.

Juge de mes tourmens, en connoiſſant mon cœur.

Ce fatal ennemy de ma triste patrie,
Dont tu veux que mes soins avancent le trépas...
Pour le sauver, Phenice, helas!
Je donnerois cent fois la vie.

PHENICE.

Qu'entens-je? juste Ciel! Princesse, songez-vous
Que le sang de Priam vous donna la naissance!

ILIONE.

Phenice, il n'est plus temps d'animer mon couroux.
Pense-tu que sans resistance
Ulysse ait soumis ma fierté?
Pour vaincre mon amour que n'ay-je point tenté?
Ay-je oublié pour me défendre,
Mes parens immolez, Ilion mis en cendre?
Je les rappelle chaque jour.
Mais, lorsque dans mon cœur je crois trouver la haine,
Mon esperance est toûjours vaine,
J'y trouve sans cesse l'amour.

Circé l'aime, je sçay que pour moy trop fidelle,
Il l'accable de ses mépris.
Va, Phenice, peins-luy ma tristesse mortelle,
Cours, dis-luy qu'il se sauve, il n'importe à quel prix;

*{ Helas! il m'aime trop, sa mort est infaillible.

* Ce qui est accolé ne se chante pas.

SCENE II.

CIRCE', ILIONE.

ILIONE.

DIeux ! c'en est fait.

CIRCE'.

Princesse, auriez-vous crû possible,
Qu'un cœur qui respiroit la rage & la fureur
En un moment fut devenu paisible ?
Je ne m'en défends pas, pour Ulysse sensible,
J'étois prête à punir sa coupable froideur :
C'étoit peu qu'en un monstre horrible,
Ainsi que ses Guerriers il se vit transformé ;
Pour répandre son sang, mon bras étoit armé.
Désormais il n'a rien à craindre,
Ma colere vient de s'éteindre,
Il ne fut jamais plus aimé.

ILIONE.

C'est à tort que l'on accuse
Un cœur qu'on ne peut enflâmer,
Sa froideur seroit sans excuse,
S'il dépendoit de luy de se laisser charmer ;
Mais faut-il perdre l'esperance ?
Le réndre sensible un jour
Est un tribut que l'Amour
Doit à la perseverance.

C I R C E'.

Ah ! mon bonheur eſt aſſuré,
Et je ne dois plus rien attendre :
Non, jamais il ne fut un amour auſſi tendre,
Ny ſi tendrement declaré.

Princeſſe, prenez part aux tranſports de mon ame,
Ulyſſe ſenſible à ma flâme,
Avec moy déſormais va regner dans ces lieux,
Je luy rends ſes Guerriers, leur départ l'intereſſe ;
Ils reverront ſans luy la Grece,
Il trouve auprès de moy ſa Patrie & ſes Dieux.

I L I O N E.

Il vous aime, Ciel !

C I R C E'.

Sa tendreſſe
N'a pas changé pour vous mon cœur ;
Ne craignez rien, Ulyſſe en ma faveur
De vôtre Sort vous rend maîtreſſe,
Près de Polimneſtor fixez vôtre ſéjour :
Il aime vôtre ſang, vers ſon heureux empire
On doit vous conduire en ce jour,
Et je venois vous en inſtruire.

Je vous quitte, je vais par mes enchantemens
Détruire ce que fit mon injuſtice extrême ;
Pour ſervir le Heros que j'aime,
Dois-je perdre quelques momens ?

SCENE III.
ILIONE.

Dieux cruels, pour combler les malheurs de ma vie,
    Vous reste-t-il de nouveaux coups ?
Ulysse aime Circé, ma tendresse est trahie,
Ah ! vous m'avez porté le plus cruel de tous.

SCENE IV.
ULYSSE, ILIONE.

ULYSSE.

PRincesse, au plus doux sort nous devons nous
    attendre,
J'ay calmé de Circé les transports furieux.
ILIONE.
    Je sçais tout, venez-vous m'apprendre
Qu'il faut dès ce moment que je quitte ces lieux :
Et bien, je vais partir, recevez mes adieux.
ULYSSE.
Que vois-je ? vous pleurez ?
ILIONE.
      Ne voyez point mes larmes,
Seigneur, avec Circé regnez dans ce séjour.
Oubliez vos sermens, rendez-vous à ses charmes,
Vos jours me sont plus chers encor que mon amour.

ULYSSE.

Dieux ! quelles injuftes allarmes !
Princeffe , avez-vous dû penfer
Qu'à vos divins attraits je pûffe renoncer,
Et pour qui ? pour une Cruelle
Dont l'amour eft à craindre autant que la fureur :
Un moment peut changer fon cœur,
Et nous devons tout craindre d'elle.

Pour rompre fes enchantemens
La valeur ne fçauroit fuffire,
Circé feule peut les détruire.
J'ay feint pour la calmer les tranfports des Amans ;
Vous fçavez fon amour, jugez, belle Princeffe,
Si mes difcours luy paroiffoient charmans :
Je luy difois en ces momens
Tout ce qu'auprès de vous m'infpire la tendreffe.

ILIONE.

Ulyffe , il eft donc vray que vous m'aimez toûjours ?

ULYSSE.

Vous en doutez encore ? ô Ciel ! quelle injuftice !
Helas ! c'eft pour fauver vos jours,
Que l'Amour m'a dicté cet heureux artifice.

ILIONE.

Ah ! fi mes vœux font écoûtez,
Evitez de Circé la fureur vangereffe ;
Partez , cher Ulyffe , partez :
Profitez des momens que fon amour vous laiffe.

ENSEMBLE.

ENSEMBLE.

Non, ce n'est que pour vous
Que je crains son couroux,
Vous voir { *heureux* / *heureuse* } *est mon unique envie:*
Si vous perissiez par ses coups,
Qu'aurois-je à faire de la vie?

Non, &c.

ULYSSE.

Mais, pourquoy ces vaines allarmes?
Lorsque le Ciel s'aprête à combler nos souhaits,
Princesse, par vos soins secondez mes projets.
Trompons Circé, vantons ses charmes,
Mes Guerriers en ces lieux seront bien-tôt conduits,
De mes desseins secrets, par Euriloque instruits,
Sur mes Vaisseaux vous irez-tous m'attendre,
Bien-tôt auprès de vous j'auray soin de me rendre.

ILIONE.

Quoy! vous seul en ces lieux....

ULYSSE.

Calmez vôtre frayeur.
Mercure à mes vœux favorable
Me garentit par cette fleur,
Du charme le plus redoutable.

SCENE V.

CIRCE', ULYSSE, ILIONE.

CIRCE'.

ULYsse, *vos Guerriers vont paroître en ces lieux,*
Je ne les retiens plus ; qu'augré de vôtre envie
Ils retournent dans leur patrie ,
Vous étes le seul bien que je demande aux Dieux.

ULYSSE.

Ah ! pour tant de bienfaits....

CIRCE'.

Cette jeune Princesse
Me rend sensible à la pitié ;
Je veux que vôtre inimitié ,
En ce beau jour , pour elle cesse :
Vous me l'avez promis , il faut que loin de nous ,
Elle aille en liberté , joüir d'un sort plus doux.

ULYSSE.

Rendez grace à ma Souveraine ;
Vous étes libre enfin , je brise vôtre chaîne.

SCENE VI.

Troupe de Guerriers , de Nymphes de la Suite de CIRCE'; & les Acteurs de la Scene précédente.

ULYSSE.

GUerriers qui vivez fous ma loy,
De ces lieux déformais éloignez-vous fans moy;
Tous mes jours ont été marquez par la victoire,
Tout retentit du bruit de ma valeur,
Circé m'aime, j'ay fçû triompher de fon cœur,
Elle met le comble à ma gloire.

Allez , inftruifez l'Univers
Que je fais mon bonheur de vivre dans fes fers.

Une Reine fi belle
Dans les cœurs des Mortels doit regner à jamais;
Chantez , publiez fes bienfaits,
Que fa gloire foit immortelle.

CHOEUR.

Une Reine , &c.

CIRCE'.

Que l'épouvante & l'horreur
Ne troublent plus cet azile,
La paix regne dans mon cœur,
Tout doit être icy tranquille.

Vole charmant Amour, tout doit porter tes fers;
Quel Mortel oseroit resister à ta flamme?
    C'est triompher de l'Univers
    Que de triompher de mon ame.

UNE NYMPHE.

Heureux, heureux le séjour
Où regne le tendre Amour.

Les Jeux & les Fêtes galantes
N'abandonnent jamais sa cour;
Aux douceurs qu'il accorde un jour,
En succedent de plus charmantes.

    Heureux, heureux le séjour
    Où regne le tendre Amour.

Jeunes Cœurs, soyez sans allarmes;
Quand il s'oppose à vos desirs,
C'est pour redoubler vos plaisirs
Qu'il vous fait répandre des larmes.

    Heureux, heureux le séjour
    Où regne le tendre Amour.

CIRCE'.

Aux Guerriers & à ILIONE.

Avec plaisir j'ay reçû vôtre hommage,
Partez, mes Ports vous sont ouverts.

à ses Nymphes.

Et Vous, pour enchanter le Heros qui m'engage,
Allez, preparez luy mille plaisirs divers.

SCENE VII.

CIRCE', ULYSSE.

CIRCE'.

Vous voyez mon amour extrême,
Ulysse, je fais tout pour vous.
Mon cœur toûjours nourri de haine & de couroux
Auprès de vous n'est plus le même ;
M'aimez-vous comme je vous aime ?
Sentez-vous comme moy les transports les plus doux ?
Vous semblez interdit : Vos yeux vers le rivage
Sont attachez incessamment ;
Regretez-vous les Grecs ? Ah ! c'est me faire outrage :
Est-ce ainsi qu'on répond à mon empressement ?

ULYSSE.

Reine, je ne dois plus me taire,
Mes Guerriers sont sortis de ce fatal séjour,
Je vois en liberté l'Objet qui m'a sçû plaire,
Ay-je besoin encor de feindre de l'amour ?

CIRCE'.

Que dis-tu, Malheureux ? Quoy tu m'aurois trahie ?

ULYSSE.

Accusez vôtre barbarie,
Qui de pleurs & de sang ne s'assouvit jamais :
Rendez grace à ma perfidie
Qui vous épargne des forfaits.

CIRCE'.

Ah ! tu periras , Témeraire.

ULYSSE.

Je ne crains pas vôtre colere.

CIRCE'.

Venez , Demons , accourez-tous ,
Un perfide Mortel m'offense :
Hâtez-vous , Hâtez-vous ,
De servir ma vangeance.

Les Demons paroissent.

ULYSSE.

Affreux Demons , quittez ces lieux ,
Respectez ce present des Dieux.

Les Demons s'enfuïent.

SCENE VIIIME. ET DERNIERE.

CIRCÉ.

Ciel ! mon pouvoir est inutile,
L'Enfer veut me servir & n'ose le tenter !
Et moy-même tremblante, interdite, immobile,
Je vois partir l'Ingrat, & ne puis l'arrêter.

Tu me fuis donc, Cruel, tu m'appelles barbare :
 Ah ! lorsque je brûle pour toy,
 Et que ta haine nous separe,
N'es-tu pas mille fois plus barbare que moy ?

Sur ces funestes bords tu me laisses mourante,
Et tandis que mon cœur vole encor sur tes pas,
 Tu t'applaudis auprés de ton Amante,
 De mes pleurs & de mon trépas.

 Que dis-je ? quelle est ma foiblesse ?

 Suis-je Circé ? Reine indigne du jour,
Est-ce à moy de gemir dans les fers de l'Amour !
 Ah ! brisons le trait qui me blesse.

 Revenez Vangeance, Couroux,
 Revenez regner dans mon ame,
 J'éteins une funeste flâme,
 Je m'abandonne toute à vous.

Si le Perfide qui m'outrage
Echape à ma juste fureur,
Sur mille malheureux faisons tomber ma rage;
Rien ne peut appaiser mon cœur,
Que les cris, le sang, le carnage.

Revenez Vangeance , Couroux,
Je m'abandonne toute à vous.

F I N.

LE BAL CHAMPESTRE.

PERSONNAGES CHANTANTS.

THE'MIRE, Mlle. Jullye.

DAMON, M^r. Tribou.

LICIDAS, M^r. Cuvillier.

CEPHISE. Mlle. Cartou.

DIVERTISSEMENT.

HABITANS DE LA CAMPAGNE;

Monsieur Javillier-L., Mademoiselle Mariette.

Messieurs Malter-C., Matignon.

Mesdemoiselles Favre, Saint-Germain.

M^r. Dumay. Mlle. Rabon.

M^r. Dupré Mlle. Petit.

M^r. Hamoche. Mlle. Le Breton.

M^r. Dangeville. Mlle. Thibert.

M^r. F-Dumoulin. Mlle. Lamartiniere.

LE BAL CHAMPÊTRE.

Le Théâtre repréfente des Allées qui forment l'Ave-
nuë d'une Maifon de Campagne.

SCENE PREMIERE.

THEMIRE.

 *Oible Raifon, Dépit jaloux,*
Vous ne m'offrez qu'un vain remede
Contre le mal qui me poffede :
Foible Raifon, Dépit jaloux,
Helas ! dequoy me fervez-vous !

Damon ne m'aime plus, un nouveau trait le bleffe,
Des appas de Céphife il m'entretient fans ceffe,
Je ne le vois que trop, elle a fçû le charmer :
J'ay feint jufqu'à ce jour de ne le pas aimer,
Mais, Dieux! de mes tranfports je ne fuis plus maîtreffe ;
D'un feu plus violent je me fens enflammer,
Lorfque pour moy fon amour ceffe.

2. A ij

Foible Raison, Dépit jaloux,
Hélas! dequoy me servez-vous!

Ciel! je vois cet Amant volage.

****

SCENE II.

DAMON, THE'MIRE.

DAMON.

CE beau jour semble fait au gré de nos desirs,
L'Astre du jour caché sous un nuage,
Céde sa place aux doux Zéphirs;
Pour nos Jeux quel heureux présage!

THE'MIRE.

Tout vous rit. De ce jour les honneurs sont pour vous,
Et ce qui rend encor vôtre bonheur plus doux,
Céphise avec vous les partage.

DAMON.

Le sort dont nous suivons les loix
A voulu nommer cette Belle.

THE'MIRE.

Ce que le sort a fait pour elle,
Vous l'auriez fait par vôtre choix.

DAMON,

Il est vray que tout plait dans l'aimable Céphise,
Quelle ame en la voyant, ne seroit point éprise?
Si je croyois qu'auprès d'un Objet si charmant,
L'esperance me fût permise,
Je voudrois être son Amant.

THÉMIRE.

Quoy! vous pouvez douter que son cœur ne s'engage?
Peut-on ne pas se rendre à vos soins amoureux?

DAMON.

Eh bien, par vos conseils je vais donc de mes feux
Luy présenter le tendre hommage;
Si l'amour remplit mon espoir,
J'iray de mon bonheur vous faire confidence.

THÉMIRE.

Cessez un discours qui m'offense.

DAMON.

Vous me quittez?

THÉMIRE.
Je ne veux plus vous voir.

DAMON.
Arrêtez.... elle fuit, & ne veut pas m'entendre?

SCENE III.

LICIDAS, DAMON,

LICIDAS.

*E*H bien, de mes conseils as-tu sçû profiter ?

DAMON.

Que de maux ils me vont coûter !
Au sort le plus affreux mon ame doit s'attendre,
Thémire ne veut plus que je m'offre à ses yeux.

LICIDAS.

L'Amour peut-il te servir mieux ?

Les serments d'une ardeur sincere
Trompent mille Amants chaque jour :
Le dépit jaloux, la colere,
Sont les vrais garents de l'amour.

DAMON.

Helas ! si j'avois sçû lui plaire,
Par mes discours trompeurs je la perds pour jamais.

LICIDAS.

Non, tu verras bien-tôt tes desirs satisfaits.

Ta feinte prépare à Thémire
Un bonheur qui va la charmer,
Tu vas joindre au plaisir qu'elle sent à t'aimer,
La flateuse douceur que l'on trouve à le dire.

DAMON.

Il faut la détromper, je vais à ses genoux
Luy jurer que mon cœur l'adore.

LICIDAS.

Non, non, il n'est pas temps encore,
Augmente s'il se peut son desespoir jaloux.

DAMON.

Cruel amy!

LICIDAS.

Fais ce que je souhaite.
Je suis garent du succès de tes feux.
Sois auprès de Céphise, & pendant tous nos Jeux,
Laisse voir à Thémire une ame satisfaite.

DAMON.

Eh bien, je m'abandonne à tout ce que tu veux.
On entend une Symphonie.
Mais déja nos Beautez s'avancent,
Il est temps que les Jeux commencent.

SCENE IV.

CEPHISE, THE'MIRE, DAMON, LICIDAS,
& toute la Compagnie.

CEPHISE.

CHantons, amusons nos desirs,
La jeunesse nous y convie :
Est-il de bonheur dans la vie
Sans les Jeux & sans les Plaisirs.

CHOEUR. *Chantons*, &c.
CEPHISE.

Tendres Oyseaux de ces boccages,
Unissez-vous à nos Chansons,
L'heureux sort dont nous joüissons
Doit animer vos doux ramages.

CHOEUR. *Chantons*, &c.
CEPHISE.

Mais le temps s'obscurcit, & le Tonnerre gronde,
L'orage va tomber sur nous ;
Craignons, craignons qu'il nous inonde,
Fuyons-tous, fuyons tous.
CHOEUR.

Fuyons-tous, fuyons-tous.

SCENE V.

SCENE V.
DAMON, THE'MIRE.

DAMON.

LE ciel devient serain, nous n'avons rien à craindre,
　　　L'orage passe en d'autres lieux.
Belle Thémire; eh quoy! vous détournez les yeux?

THE'MIRE.

Allez, suivez Céphise, elle pouroit se plaindre;
Doit-on abandonner ce qu'on aime le mieux?

DAMON.

　　　Estre avec l'objet qu'on adore,
Est sans doute le bien le plus charmant de tous:
　　　Et mon ame l'éprouve encore,
　　　Lorsque je suis auprès de vous.

THE'MIRE.

Adressez à Céphise un langage si tendre,
Elle seule a le droit d'occuper vôtre cœur.

DAMON.

　　　Si vous aviez moins de rigueur,
De vous aimer toûjours pouroit-on se deffendre?

THE'MIRE.

　　　Non, vous suivez une autre loy,
Et c'est avec plaisir que vous estes volage.

DAMON.

Que vous importe, helas! que mon cœur se dégage,
Puisque vous refusez l'hommage de ma foy?

THE'MIRE.

J'aurois pû vous aimer.... je sentois que mon ame...
Mais, que dis-je? Damon, fuyez, & laissez-moy...

DAMON.

Ah! souffrez qu'à vos pieds, de la plus vive flame...

THE'MIRE.

Finissez des discours trompeurs,
Vous adorez Céphise, & ce n'est qu'avec elle
Que vous voulez goûter les tranquiles douceurs
D'une tendresse mutuelle.

DAMON.

Non, je vous aimeray d'une ardeur éternelle:
Mon cœur n'a pû se dégager,
Quand je vous trouvois infléxible;
Pourrois-je penser à changer,
Lorsqu'à mes tendres feux vous paroissez sensible?

THE'MIRE.

Eh! pourquoy cet empressement
Que vous temoigniez pour Céphise?
Vous vouliez, disiez-vous, devenir son amant;
Est-ce ainsi que pour moy vôtre ame étoit éprise?

DAMON

N'allez point m'accabler d'un trop juste couroux:
Que n'avez-vous pû voir quelle étoit ma contrainte!
J'ay feint d'aimer Céphise; helas! par cette feinte,
J'ay voulu découvrir si je l'étois de vous.

THÉMIRE.

Vous mériteriez ma colere,
Vous m'avez arraché mon secret, malgré moy.

DAMON.

Helas ! si j'avois sçû vous plaire,
Ne le deviez-vous pas confier à ma foy.

ENSEMBLE.

Cessons ; cessons de nous contraindre,
Goûtons les biens les plus parfaits,
Non, non, je ne sçaurois plus feindre :
Je vous jure, je vous promets
De vivre pour vous à jamais.

On entend une Symphonie.

THÉMIRE.

Nôtre Troupe revient, le beau temps la rameine,
Il faut recommencer nos jeux & nos plaisirs.

DAMON.

Si le sort a voulu que Céphise en fut Reine,
Vous le serez par mes desirs.

SCENE VI. ET DERNIERE.

CEPHISE, THÉMIRE, DAMON, LICIDAS, &c.

THÉMIRE.

HAtez-vous, que chacun s'appreste
A faire briller cette feste :
Chantons, dansons, rions-tous,
Les beaux jours sont faits pour nous.
Le Chœur repete ces deux derniers Vers.

CEPHISE.

Je voudrois aimer, je ne l'ose;
On me vient conter chaque jour
Que pour quelque plaisir que nous donne l'Amour,
A mille maux il nous expose :

Je sens que l'avis est trompeur,
Et qu'on est heureux dans ses chaînes;
Mais, quoyqu'il en coûte à mon cœur,
En faveur des plaisirs je vais risquer les peines.

On danse.

THE'MIRE.

Sans l'amour rien ne contente,
Tout rit avec son secours,
Dans les nœuds qu'il nous présente
Il faut passer nos beaux jours :

Envain la raison cruelle,
Contre lui veut nous armer,
Nôtre cœur plus sçavant qu'elle,
Nous apprend qu'il faut aimer.

On danse.

CHOEUR.

Triomphe à jamais de nos ames,
Tendre Amour, fais regner tes flâmes :
Heureux mille & mille fois
Les cœurs qui vivent sous tes loix.

FIN.

LE TRIOMPHE

DE L'AMOUR

SUR BACCHUS.

PERSONNAGES
CHANTANTS.

ARIANE,	Mlle. Eermans.
L'AMOUR,	Mlle. Petitpas.
ZEPHIRE,	M^r. Jeliot.
UN MATELOT,	M^r. Cuvilier.
UN SUIVANT DE BACCHUS.	M^r. Dumast.
UNE BACCHANTE,	Mlle. Cartou.

DIVERTISSEMENT.
MATELOTS;

Monsieur D-Dumoulin ;
Messieurs F-Dumoulin ; P-Dumoulin ; Dangeville ;
Hamoche ; Maltere-C.

BACCHANTES;

Mademoiselle Camargo ;
Mesdemoiselles Mariette; Le Breton , Petit ; Thibert;
Saint-Germain.

LE TRIOMPHE DE L'AMOUR
SUR BACCHUS.

Le Théatre represente une Isle déserte : on voit
la Mer, & un Vaisseau dans l'éloignement.

****

SCENE PREMIERE.

ARIANE.

Hesée, entend mes cris, peux-tu partir sans
  moy !
Mais, je l'appelle en vain, il me fuit le Parjure.

Témoins de ses serments, Dieux ! vangez mon injure,
Que les Vents & les Flots, que toute la nature
  S'arme contre un Amant sans foy.

3. A ij

Infortunée, helas! en quels lieux il me laisse!
Ah! quand je lui sauvay le jour,
Que pour suivre ses pas une aveugle tendresse
Me fit quitter mon pere & sa brillante Cour,
Aurois-je jamais dû m'attendre,
Qu'au mépris d'un amour si fidele & si tendre,
Il m'abandonneroit dans cet affreux séjour!

Barbare, si mes foibles charmes
Ne pouvoient retenir ton cœur,
N'as-tu pas dû prévoir mes larmes,
Et de mon sort cruel te figurer l'horreur?
Mais, non, Fils inhumain d'une horrible Furie,
Plus dur que les Rochers de ces sauvages lieux,
Tu voulois m'arracher la vie:
Eh-bien, de mon trépas viens assouvir tes yeux;
Mon cœur d'accord avec ta haine,
Implore son secours pour finir mes malheurs:
Il approche, mes yeux s'entr'ouvrent avec peine,
Te voilà satisfait, je meurs.

Elle s'évanouit.

SCENE II.

ZEPHIRE, L'AMOUR.

ZEPHIRE.

THesée est éloigné, ton attente est remplie,
   Mon zele encor pour toy peut-il se signaler ?
Suivre tes loix, Amour, est ma plus chere envie,
   Parle, je suis prest à voler.

L'AMOUR.

Zephire, tu vois ma puissance,
   Je dispose à mon gré des cœurs,
Je leur fais de mes feux sentir la violence,
J'éteins quand il me plaît leurs plus vives ardeurs.

ZEPHIRE.

Ariane expirante au milieu des douleurs
   N'en fait que trop l'experience.

Lorsque deux cœurs vivent en paix,
   Amour, tu ne devrois jamais
   Briser de si charmantes chaînes :
Si le soin de ta gloire occupe tes desirs,
   Pourquoy triompher par les peines,
   Quand tu le peut par les plaisirs ?

L'AMOUR.

... bonheur des Mortels les peines sont utiles,
Ils cesseroient bien-tôt d'aimer,
Si leurs plaisirs étoient tranquiles.

Mais il est temps de t'informer
Du projet éclatant que je viens de former:
Le fier Vainqueur de l'Inde ose outrager ma gloire,
Bacchus méprise mon pouvoir,
Je vais enfin luy faire voir
Que je puis sur son cœur remporter la victoire.

Vole, Zéphire, fends les airs:
Il vogue sur l'humide plaine,
Il faut que ta legere haleine
Le conduise dans ces deserts.
Ariane en ce jour verra finir sa peine,
Je vais unir leurs cœurs d'une immortelle chaîne.

Zéphire vole.

SCENE III.

L'AMOUR, ARIANE évanouie.

L'AMOUR.

C'Est trop long-temps laisser souffrir
Un objet si rempli de charmes,
Ranimons ses esprits, & sans nous découvrir,
Calmons ses mortelles allarmes.

L'Amour quitte son Arc & son Carquois, il touche ARIANE
& se cache un moment.

ARIANE.

Quoy ! je revois le jour ! ô mort, cruelle mort !
Pourquoy ne veux-tu pas finir mon triste sort !

Appercevant l'Amour.

Que vois-je : Ciel !

L'AMOUR.

Daignez m'instruire

Si je puis en ces lieux esperer du secours.

ARIANE.

Jeune Etranger, quel sort sur ces bords vous attire ?

L'AMOUR.

Les Dieux ont pris soin de mes jours,
Seul je suis échapé d'un funeste naufrage.

ARIANE.

Que je vous plains, helas ! dans ce séjour sauvage,
On n'a plus d'espoir qu'au trépas.

L'AMOUR.

Eh quoy ! de si charmants appas
Eprouvent-ils du sort un si sensible outrage ?

ARIANE.

Comme vous, j'erre seule en ces deserts affreux.

L'AMOUR.

Esperons que les Dieux exauceront nos vœux.

ARIANE.

Vous pouvez desirer la vie,
Vous semblez estre fait pour les biens les plus doux :
Pour moy qui du Destin éprouve le couroux,
Mourir est mon unique envie.

L'AMOUR.

Vous mourir! vos beaux yeux s'éteindroient pour jamais!
Ces yeux par qui l'Amour est sûr de sa victoire:
Non, non, il y va de sa gloire,
Il perdroit son Empire en perdant vos attraits.

ARIANE.

L'Amour! eh! c'est ce Dieu barbare
Qui m'accable de ses rigueurs.

L'AMOUR.

N'offensez point un Dieu qui regne sur les cœurs.
S'il cause des tourments, sa bonté les répare;
Et peut-être qu'il se prépare
A vous combler de ses faveurs.

On entend un bruit de guerre.

ARIANE.
Quel bruit icy se fait entendre?
L'AMOUR.
Je vais m'en informer, & reviens vous l'apprendre.

****

SCENE IV.

Suite de BACCHUS, ARIANE se cache.
CHOEUR.
CElebrons de Bacchus les Exploits immortels:
L'Univers luy doit des Autels.

SCENE V.

SCENE V.

BACCHUS & sa Suite.

JE veux de ces deserts partir en diligence,
Allez, que mes Vaisseaux soient prêts.

SCENE VI.

BACCHUS, ARIANE.

BACCHUS.

MAis, quel objet vers moy s'avance?
Que vois-je, grands Dieux! que d'attraits?

ARIANE.

Vous voyez, Guerrier invincible,
La fille de Minos embrasser vos genoux,
Dans ces sauvages lieux ma mort est infaillible.
Souffrez que je parte avec vous.

BACCHUS.

Eh! quel malheur, belle Princesse,
Du séjour de la Crette a pû vous arracher?

ARIANE.

L'Univers sçaura ma foiblesse,
Mais je sens qu'à vous seul je voudrois la cacher.

z. B

BACCHUS.

Parlez, que faut-il entreprendre ?
Malgré vous en ces lieux a t'on guidé vos pas ?
J'iray pour vous vanger aux plus lointains climats :
Quel est le sang qu'il faut répandre ?

ARIANE.

Helas ! ce n'est point malgré moy
Que j'abandonnay ma Patrie ;
D'un malheureux amour la tiranique loy,
Me fit suivre un Ingrat qui me devoit la vie :
J'esperois que bien-tôt il m'alloit couronner ;
Mais, malgré les serments d'une flâme éternelle,
Ce Barbare, cet Infidelle,
Dans ce desert affreux vient de m'abandonner.

BACCHUS.

Ah ! ma fureur se renouvelle !
Nommez-le-moy.

ARIANE.

Thesée.

BACCHUS.

Ah ! j'iray l'en punir.

ARIANE.

Non, vous offenseriez ma gloire,
Je veux de ce Perfide étouffer la mémoire,
Et ce seroit m'en souvenir.

BACCHUS.

Hé bien l'Amour vous offre une douce vangeance,
Il eſt des cœurs plus conſtants que le ſien ;
Belle Princeſſe, ah ! ſouffrez que le mien
Vous faſſe oublier ſon offenſe.

ARIANE.

L'Amour pouroit encore trahir mon eſperance,
Non, non, je ne veux aimer rien.

BACCHUS.

Le Maître ſouverain du Ciel & de la Terre
Eſt le Dieu dont je tiens le jour :
Puiſſe-t'il m'embrâſer des feux de ſon Tonnerre,
Si j'éteins jamais mon amour.

ARIANE.

Je ne veux point ſonger à des ardeurs nouvelles,
On ne peut trop les redouter ;
Les ſermens des Ingrats doivent faire douter
Des ſerments des Amants fidelles.

BACCHUS.

Inhumaine, je vois d'où partent vos mépris,
Pour un volage encore vôtre cœur eſt épris :
Hé bien, auprès de luy j'offre de vous conduire.

ARIANE.

Ciel ! ô ciel, qu'oſez-vous me dire ?

BACCHUS.

Des maux les plus cruels j'éprouve la rigueur,
Quand vous soupirez pour un autre :
Mais, je sentiray moins l'excès de mon malheur,
Si je puis terminer le vôtre.

ARIANE.

Cruel, cessez de m'accabler,
N'abusez point d'un cœur qui n'est que trop à plaindre.

BACCHUS.

Eh quoy ! quand mon amour offre de s'immoler ?

ARIANE.

Helas !

BACCHUS.

Vous vous troublez, parlez sans vous contraindre

ARIANE.

Je ne puis plus dissimuler,
Je combats vainement ; un trait fatal me blesse,
Vous avez trop sçu me charmer,
Et je rougis de ma foiblesse.
Après tant de malheurs, devrois-je encore aimer !

BACCHUS.

Quoy ! j'ay pû vous toucher, ô divine Princesse,
Abandonnons nos cœurs aux plus tendres plaisirs,
L'Amour ne souffre point de timides soupirs.

ENSEMBLE.

Conservons à jamais une flame si belle,
Je goûte en vous aimant un bonheur plein d'appas :
Si vous deveniez infidelle,
Quel seroit mon destin, helas !
Conservons à jamais une flâme si belle.

SCENE VII.

La Suite de BACCHUS s'avance.

BACCHUS, à ARIANE.

MAis, pourquoy dans ces lieux s'arrêter davan-
tage ?

ARIANE.

Un aimable Etranger échapé du nauffrage,
Erre dans ces deserts sans appuy, sans secours,
Eh ! par pitié, sauvons ses jours.

BACCHUS.

Qu'on le cherche, & qu'il quitte avec nous ce rivage.

SCENE VIII. ET DERNIERE.

L'AMOUR sur un nuage, & les Acteurs de la Scene précedente.

L'AMOUR.

Dans ce jeune Etranger, reconnoiſſez l'Amour,
Ariane, ton cœur porte d'heureuſes chaînes,
Si je t'ay fait ſouffrir des peines,
Les plaiſirs vont avoir leur tour.

Et Toy qui bravois ma puiſſance,
Bacchus, tu vois qu'envain on reſiſte à mes traits;
Pour te punir de ton offenſe
Je te comble de mes bienfaits,

BACCHUS.

Amour, je me ſoumets à ton obéiſſance,
Vivons de concert à jamais.
Et vous, Peuples, chantez une ſi douce paix.

CHOEUR.

O Jour heureux! Jour digne de mémoire!
Sans offenſer Bacchus, ſans offenſer l'Amour,
Les Mortels pouront tour à tour,
Chanter leur triomphe & leur gloire.

UNE BACCHANTE.

Pour vivre heureux, la severe Sagesse
Ne nous offre qu'un vain secours :

Qu'un doux nectar pour nous coule sans cesse,
Qu'un tendre amour nous enflâme toujours.
C'est-là la source enchanteresse
Des vrais plaisirs & des beaux jours.

UN SUIVANT de BACCHUS.

Charmants Vainqueurs,
Regnez toûjours sur nos ames ;
De vos faveurs
Comblez à jamais nos cœurs.
Fils de Venus,
Fais-nous sentir tes flâmes,
Cher Bacchus,
Fais couler pour nous ton aimable jus.

Qu'il est doux
De vous suivre sans cesse,
C'est par vous
Qu'on vit sans tristesse :
Deux beaux yeux,
Un souris gracieux,
Un nectar précieux
Placent l'homme au rang des Dieux.

UNE BACCHANTE.

O Beauté!
Nôtre felicité
Est le fruit de vos charmes:
Qu'à jamais
Les Mortels satisfaits
Célébrent vos bienfaits.

CHOEUR. *O Beauté!* &c.

LA BACCHANTE.

En ce jour,
Au Dieu d'amour
Bacchus a rendu les armes:
Cédons-luy tous,
Hâtons-nous
De sentir ses coups.

CHOEUR. *O Beauté!* &c.

LA BACCHANTE.

Bannissons les soins, les tristes allarmes,
Que de biens! que de plaisirs divers
Tous les jours à nos cœurs vont être offerts!

CHOEUR.

O Beauté! &c.

FIN.